بِسْمِ اللَّهِ الرَّحْمَٰنِ الرَّحِيمِ

Bismi Allahi Ar-Rahmani Ar-Rahimee

Au nom d'Allah, le Tout Miséricordieux, le Très Miséricordieux

W0297306

# Le Mariage en Islam

Copyright © 2022 Par Aicha Mhamed. Tous les droits sont réservés.
Aucune partie du contenu de ce livre ne peut être reproduite ou transmise sous quelque forme ou par quelque moyen que ce soit sans l'autorisation écrite de l'éditeur.

# Sommaire:

# Fonder une famille

Comment réussir à fonder une famille, qui vit dans l'union et l'harmonie et qui parvient à atteindre ses objectifs ? Comment préserver notre vie, celle de notre famille et de notre descendance de l'échec ? Quelles sont les recommandations religieuses et spirituelles à appliquer pour connaître l'aboutissement de son projet à savoir fonder une famille ? Toutes celles et ceux, qui sont en quête d'une vie paisible et agréable, entourés d'une famille adorable et protégée de toutes tentations, sont confrontés un jour à toutes ces interrogations.

Cette section traite des différents conseils et recommandations apportés par l'islam en vue de mener à bien son projet familial. Un projet qui débute dès la recherche de l'âme sœur, se concrétise par le mariage et se poursuit à l'arrivée des enfants.

## Pourquoi fonder une famille ?

Parmi toutes les bonnes raisons qui peuvent inciter le musulman à fonder une famille, on peut citer : la volonté de remplir le rôle de garant de la pérennité de l'espèce humaine sur terre. Le fait d'accroitre la population contribue également à l'essor de l'économie mondiale. On le sait le développement de la société repose en partie sur son taux de natalité. D'autre part, l'éducation des enfants et l'équilibre familial sont des facteurs décisifs dans la dégradation ou non des mœurs sociétales. Le croyant doit prendre conscience que la moralité collective d'un peuple dépend d'abord de l'épanouissement individuel des êtres au sein de leur foyer. Chacun, à son niveau, possède donc un devoir moral vis-à-vis de sa communauté. Il doit s'acquitter de ce devoir avec la plus grande noblesse.
Le Prophète a dit : « kullukum raein, wakullukum masyuwl ean raeiatih ». (**Bukhari**)
Le sens: « Chacun de vous est responsable et sera interrogé sur sa responsabilité ».
Allah dit: « Walllah jaeal lakum min 'anfusikum 'azwajan wajaeal lakum min 'azwajikum banin wahafadatan warazaqakum min alttayibat 'afabialbatil yuminun wabiniemat alllah hum yakfurun ».

Sourate An-naml, Ayat 72

Le sens: Allah dit: « Allah a fait pour vous à partir de vous-mêmes des épouses et de vos épouses, Il vous a donné des enfants et des petits enfants et vous a attribués de bonnes choses. Est-ce donc en le faux qu'ils croient et nient-ils le bienfait d'Allah ».

Voici étape après étape, les recommandations à respecter pour la réussite de l'entreprise que représente la famille:

### 1. Embellir et clarifier ses intentions

Dans un premier temps, il convient de faire le point sur les motivations qui animent notre désir de fonder une famille, car le Prophète avait pour habitude de dire : « 'iinama al'aemal bialnyaat, wa'iinama likuli amri ma nawaa ». **(Muslim)**
Le sens: « Les actes ne valent que par les intentions et chacun n'aura que les fruits de ses intentions ».
Ainsi donc, il faut s'assurer d'abord de la sincérité de nos démarches quant à la recherche de l'âme sœur.

### 2. Rechercher le soutien en Allah

Le Prophète a dit: « alduea' silah almumin » **Al Hakim**
Le sens: « Invoquer Dieu c'est l'arme du croyant ».
En effet, celui-ci débute tout acte en demandant à son Seigneur son soutien et son aide.
Trouver l'âme sœur, la belle famille idéale ou même avoir des enfants modèles relèvent parfois du parcours du combattant.

La famille ne répond pas toujours à nos attentes. Il arrive même qu'elle soit en opposition totale avec nos convictions. Comme ce fut le cas pour le Prophète Noé qui, malgré son statut et son haut rang, n'a nullement eu l'épouse et l'enfant qui Lui correspondait. A contrario, le pharaon d'Egypte Ramsès 2, avait une épouse dont rêve tous hommes pieux. A ce propos, Allah dit : « Allah cite comme parabole pour ceux qui ont mécru la femme de Noé et celle de Lout. Elles étaient sous l'autorité de deux vertueux de nos serviteurs. Toutes deux les trahirent et ils ne furent d'aucune aide pour elles face à Allah. Et ils leurs fut dit : « Entrez au feu toutes les deux avec ceux qui y entrent ». Et Allah cite comme parabole pour ceux qui ont cru, la femme de pharaon quand elle dit : « O seigneur, construis-moi auprès de toi une maison au paradis, sauve-moi de pharaon et de son œuvre et sauve-moi des gens injustes ». (S.66 V.10-11)
Allah dit : « darab alllah mathalan lilladhin kafaruu amra'at nuh wamra'at lut kanata taht eabdayn min eibadina salihayn fakhanatahuma falam yughnia eanhuma min alllah shayyan waqil adkhula alnnar mae alddakhilin, wadarab alllah mathalan lilladhin amanuu amra'at fireawn 'iidh qalat rabb abn li eindak baytan fi aljannat wanajjini min fireawn waeamalih wanajjini min alqawm alzzalimin

Sourate At-tahrem, Ayat 10-11

Par conséquent, il ne faut pas attendre d'être dans l'adversité pour s'en remettre au Seigneur mais il faut débuter toutes relations avec l'aide de Dieu car comme Il nous avertit : « Dis mon Seigneur ne se souciera point de vous sans vos invocations ». (S.25 V.77)
En arabe phonétique, Allah dit: « qul ma yaeba bikum rabbi lawla dueawukum faqad kadhdhabtum fasawf yakun lizaman »

Sourate Al-Fourqan, Ayat 77

### 3. Chercher l'âme sœur

Il va de soi que ce n'est pas en croisant les bras que l'âme sœur va nous tomber du ciel. Comme on dit : « si la montagne ne vient pas à toi alors marche vers elle ». Le critère de la piété est essentiel car c'est le seul moyen de limiter les problèmes après le mariage. Comme dit le Prophète : « iidha khatab 'iilaykum man turdawn dinah wakhalqah fazawjuha, 'iilaa tafealuu takun fitnatan fi al'ard wafasad earid »
Le sens: « S'il vous vient une personne dont vous agréez sa moralité et sa religiosité alors mariez-vous sinon il règnera sur terre une grande tentation et une grande turpitude ».**Tirmidhi**
Ouvrons une parenthèse concernant les sites spécialisés dans les rencontres. Il est important de les aborder avec prudence tant qu'il n'y paraît pas un gage de droiture et de moralité islamique.

Le choix de l'âme sœur doit prendre également en compte la famille et les fréquentations de la personne convoitée. Lorsqu'on épouse une personne on épouse aussi sa famille. Malheureusement, il n'est pas rare de constater que l'omniprésence de cette dernière, au sein du couple, engendre des conséquences néfastes.

### 4. Être clair dans ses conditions

Il faut savoir dès le début poser clairement ses conditions et s'entendre dessus. Surtout ne pas attendre après le mariage pour revendiquer le respect d'une quelconque condition qui n'a jamais existé. Le Prophète a dit : « Les croyants s'en tiennent aux conditions qu'ils se sont fixés » **Bukhari**

### 5. Ne pas débuter le mariage par le haram

Lorsque les bases du mariage ont été souillées par le péché, il ne faut pas s'étonner de la suite chaotique des événements.

Allah dit: « walbalad alttayib yakhruj nabatuh bi'iidhn rabbih walladhi khabuth la yakhruj 'illa nakidan kadhalik nusarrif alayat liqawm yashkurun »

Le sens: « La bonne terre fait pousser sa végétation avec la grâce de son Seigneur, quant à la mauvaise terre sa végétation ne sort qu'insuffisamment et difficilement. C'est ainsi que nous divulguons des enseignements pour les gens reconnaissants ».

Sourate Al-A'araf, Ayat 58

Il faut donc, par exemple, prêter attention à l'organisation de la cérémonie, trop souvent synonyme de gaspillage. Par ailleurs, les futurs époux doivent respecter les exigences de leur foi durant toute la période prénuptial.

## 6. Le choix de l'imam et des témoins

Il est important de choisir pour la cérémonie du mariage un imam digne de ce nom : compétent, sage et avisé. Idem pour les témoins, qui doivent être en mesure d'intervenir en cas de conflits en tant que médiateurs. Ce choix est non-négligeable car il évitera l'étalage de nos soucis et offre l'opportunité de se confier en toute quiétude.

Il faut s'écarter aussi des conseils malveillants d'amis qui pourraient porter préjudice à l'entente dans le couple.

## 7. Une dot pas trop élevée !

Le Prophète a dit dans un hadith : « Celles qui se sont mariées avec une dot moins élevée auront plus de bénédictions dans leur mariage ». **Al Hakim**

Ce hadith démontre que la dot ne signifie pas surenchérir.

## 8. Les rituels de la première nuit

Il ne faut surtout pas oublier de formuler les invocations lors des premiers rapports sexuels et ceci avant chaque rapport durant toute la vie maritale. Comme l'a souligné le Prophète : « Si l'un d'entre vous répète avant d'approcher son conjoint : O seigneur écarte-nous du diable et écarte le diable de notre descendance, alors s'ils ont un enfant il sera préservé du diable ». **(Muslim)**

## 9. Ne pas avoir la mémoire courte

Très souvent, les couples ont tendance lors des difficultés à oublier les bons moments passés ainsi que les bons comportements témoignés l'uns vis-à-vis de l'autre. Le coran nous enseigne à garder en mémoire les bons instants partagés ensemble afin de minimiser l'impact de la colère lors des désaccords. Allah dit : « wala tansawua alfadl baynakum »

Sourate Al-Baqara, Ayat 237

Le sens: « Et n'oubliez pas le bien qu'il y a eu entre vous ».

**10. A chacun ses droits et devoirs**

Dans un couple, chacun doit absolument prendre conscience des limites de ses droits et du sens de ses devoirs. Il faut apprendre à ne pas transgresser les limites. La défaillance de l'un dans ses devoirs ne doit pas le priver, pour autant en retour, de ses droits. Le Prophète a dit : « Accomplissez vos devoirs et remettez-vous en à votre Seigneur par rapport à vos droits non perçus». (**Muslim**)

**11. Adopter les bonnes habitudes**

Le changement d'attitude et de comportement, en décalage avec celui affiché avant le mariage, cause fréquemment des conflits. Afin d'éviter toutes mauvaises surprises, il faut s'en tenir à une règle d'or : « Ne jamais débuter ce qui ne pourra pas durer ». Ainsi, on s'accommodera dès le départ de la réalité en s'abstenant d'entretenir l'illusion d'un monde utopique.

**12. Les prénoms des enfants**

A l'arrivée d'un enfant, il est primordial de choisir un prénom porteur d'un sens moral et spirituel dont il pourra être fier. Lorsque le Prophète est né, sa mère l'a appelé Muhammad afin, dit-elle : « que les habitants de la Terre entière le louent ». Et Omar avait pour habitude de dire qu'il figure parmi les droits des enfants par rapport à leurs parents le fait d'avoir un prénom digne des vertus humaines.

## 13. Le baptême

Baptiser son enfant est une manière d'implorer Allah pour l'avenir du nouveau né pour lequel on sacrifie une bête en signe de sa survie. C'est aussi un témoignage de reconnaissance. Allah dit : « C'est Lui qui vous a crée d'un seul être et Il a tiré de lui son épouse. Et lorsque celui-ci eu cohabité avec elle, elle conçut une légère grossesse. Puis lorsqu'elle se trouva alourdie, tous deux invoquèrent Allah, leur Seigneur : « Si Tu nous donnes un enfant sain, nous serons certes du nombre des reconnaissants. Puis lorsqu'Il leur eut donné un enfant sain, tous deux assignèrent à Allah des associés en ce qu'Il leur avait donné. Mais Allah est bien au-dessus des associés qu'on Lui assigne ». (S.7 V.189-190)

En Arabe phonétique, Allah dit: « hua alladhi khalaqakum min nafs wahidat wajaeal minha zawjaha liaskun 'iilayha falamma taghashshaha hamalat hamlan khafifan famarrat bih falamma 'athqalat daeawa alllah rabbahuma layin ataytana salihan lanakunann min alshshakirin, falamma atahuma salihan jaeala lah shuraka' fima atahuma fataealaa alllah eamma yushrikun »

### 14. L'éducation des enfants

Le meilleur cadeau et le plus grand devoir vis-à-vis de sa progéniture est de lui offrir une éducation digne de celle du croyant, de lui inculquer les valeurs morales et humaines. En bref, lui donner les armes pour survire dans ce monde semé d'embûches et de tentations. La bonne éducation des enfants c'est aussi l'assurance de la tranquillité des parents à l'avenir. A défaut, ils en seront les premières victimes.

### 15. Respecter leurs choix

Puis vient le jour où à leurs tours, nos enfants, devront prendre leurs propres décisions et en assumer les conséquences. Ce passage est délicat car nous devons parvenir à les conseiller tout en respectant obligatoirement leur liberté d'opinion. Le non respect de ces choix ou l'indifférence affichée peuvent, malheureusement, occasionner des cassures et un éloignement parfois irréversible.

# Les mérites du mariage Musulman

Le bonheur de l'Homme et la pérennité de son espèce étant des priorités islamiques, nous constatons que de multiples sources coraniques et prophétiques exhortent au mariage. Cette section va montrer en exergue, par la grâce d'Allah, certaines de ces sources traitant de ce noble projet auquel beaucoup aspirent. Les sources en question, en plus d'être coraniques et prophétiques, comportent des citations de certains compagnons ainsi que de la première génération des musulmans parmi les tabiis et leurs successeurs.

## Le mariage dans le coran

Le livre divin regorge d'une centaine de versets liés au mariage qui, d'une manière générale, énumèrent les états de la relation conjugale. On va vise à souligner l'importance du mariage, nous nous référerons exclusivement à quatre versets.

1. « walladhin hum lifurujihim hafizun 'illa ealaa 'azwajihim 'aw ma malakat 'aymanuhum fa'innahum ghayr malumin faman abtaghaa wara' dhalik fa'uwlayik hum aleadun »

Sourate Al-Mouminun, Ayat 5-7

Le sens: « Et ceux qui préservent leurs sexes [de tout rapport] si ce n'est qu'avec leurs épouses ou les esclaves qu'ils possèdent, car là vraiment, on ne peut les blâmer; alors que ceux qui cherchent au-delà de ces limites sont des transgresseurs. »

➢ Ce passage de la sourate « les croyants » renvoie aux raisons essentielles du mariage : se rapprocher d'Allah et de se prémunir de toutes formes de turpitudes. En islam, la seule alternative (mis à part l'abstinence) capable de préserver au mieux des dérives libertines est l'union.

2. « walllah jaeal lakum min 'anfusikum 'azwajan wajaeal lakum min 'azwajikum banin wahafadatan warazaqakum min alttayibat 'afabialbatil yuminun wabiniemat alllah hum yakfurun »

Sourate An-Nahl, Ayat 72

<u>Le sens</u>: « Allah vous a fait à partir de vous-mêmes des épouses, et de vos épouses Il vous a donné des enfants et des petits-enfants. Et Il vous a attribué de bonnes choses.»

- Dans ce deuxième verset est mis en évidence un autre bienfait divin auquel on accède par le mariage: avoir avec celle ou celui qui partage notre vie des enfants puis des petits enfants. Ne s'agit-il pas ici d'un désir naturel qui anime tout humain ?

3. « wa'ankihuu al'ayamaa minkum walssalihin min eibadikum wa'iimayikum 'iin yakunuu fuqara' yughnihim alllah min fadlih walllah wasie ealim »

Sourate An-Nour, Ayat 32

<u>Le sens</u>: « Mariez les célibataires d'entre vous et les gens de bien parmi vos esclaves, hommes et femmes. S'ils sont besogneux, Allah les rendra riches par Sa grâce. Car (la grâce d') Allah est Immense et Il est Omniscient.»

- Ce troisième verset chères lectrices, chers lecteurs, nous rappelle ce qui doit motiver nos choix. Autrement dit les principes sur lesquels tout un chacun doit se baser pour affiner sa recherche et ainsi minimiser les risques de regrets post-mariage. Au-delà de la piété, ce verset invite les croyants à ne pas se contenter des acquis matériels et financiers du ou de la partenaire. C'est aussi une incitation à placer sa confiance envers celui qui détient toute la grâce et qui l'offre à tous les besogneux.

4. « wamin ayatih 'an khalaq lakum min 'anfusikum 'azwajan litaskunuu 'iilayha wajaeal baynakum mawaddatan warahmatan 'inn fi dhalik layat liqawm yatafakkarun »

Sourate Ar-Rum, Ayat 21

Le sens: « Et parmi Ses signes Il a créé de vous, pour vous, des épouses pour que vous viviez en tranquillité avec elles et Il a mis entre vous de l'affection et de la bonté. Il y a en cela des preuves pour des gens qui réfléchissent.»

- Quoi de plus beau que de vivre en couple en parfaite harmonie ? La tranquillité, l'affection et la miséricorde sont donc les piliers du mariage et les secrets de la réussite de toute union.

## Le mariage dans la sunna

1. " Choisissez là où vous transmettez vos gènes et épousez celles et ceux qui sont à la hauteur." **(Ibn Majah)**

2. " Ô vous les jeunes, que celui parmi vous qui a les moyens se marie car c'est certes meilleur pour la pudeur des yeux, la chasteté du sexe... celui qui n'en a pas les moyens, à lui le jeûne ça en est une guérison." **(Bukhari)**

3. " Il y a certains péchés qui ne sont effacés que par le fait de chercher de quoi nourrir sa famille." **(Muslim)**

4. " Trois personnes Allah se donne le devoir de les aider : (...) celui qui s'est marié et qui cherche la pureté." **(Tirmidhi)**

5. " Les rapports sexuels entre époux sont une bonne action." **(Muslim)**

6. "Tu seras récompensé pour toutes dépenses que tu fais dans le but de gagner la face d'Allah, même pour la nourriture que tu t'amuses à mettre dans la bouche de ton épouse." **(Muslim)**

7. " S'il vous vient celui dont vous agréez sa pratique religieuse ainsi que sa moralité alors mariez-le." (Tirmidhi)

**Et ils ont dit...**

1. " Suivez les recommandations de votre seigneur sur le mariage et il rendra véridique sa promesse de vous enrichir." **(Abu Bakr)**

2. " Seule l'impuissance doit empêcher le mariage." **(Omar)**

3. " On ne peut être un vrai ascète qu'en étant marié." **(Ibn Abbas)**

4. " S'il ne me restait dans ma vie que dix jours et que j'en avais les moyens, je me marierai par crainte de me présenter devant mon seigneur en étant célibataire." **(Ibn Massud)**

5. " Je ne souhaite pas passer une seule nuit de ma vie dans le célibat." **(Ibn Hanbal)**

6. " La réussite du mariage dépend de la piété, la moralité, une dote légère, la fécondité, la chasteté..." **(Ghazali)**

# Le contrat de mariage Musulman

« Si le serviteur se marie, il a complété la moitié de sa religion qu'il craigne Allah dans l'autre moitié ».

A l'heure où les unions se font et se défont au gré des humeurs, où la tendance est à l'union libre et au pacte civil de solidarité (PACS) prenons le temps de se rappeler l'importance du mariage au sein de l'islam. Aujourd'hui, cette institution que représente le mariage est sans cesse controversée et malmenée. En observant l'évolution des mœurs, on s'aperçoit que les divorces se multiplient et que les familles monoparentales sont en augmentation continu. Pourtant, le mariage est sacré en islam et pour s'en rendre compte il suffit de se pencher sur les textes alors on ne pourra plus nier le caractère fondamental du mariage. Allah dit par exemple: « Et parmi Ses signes Il a créé de vous, pour vous, des épouses pour que vous viviez en tranquillité avec elles et Il a mis entre vous de l'affection et de la bonté. Il y a en cela des preuves pour des gens qui réfléchissent.» (S.30 -V.21). Certes lorsqu'un couple constamment en conflit se retrouve dans l'impasse, il arrive que la seule issue soit le divorce. A cet effet et afin d'éviter d'en arriver là, il a été conçu le contrat de mariage. Il permet de mettre en exergue au préalable les ambitions et désirs de chacun qui pourraient s'avérer problématiques à l'avenir pour convenir à l'avance d'un positionnement commun.

## Les problèmes conjugaux

Le mariage est loin d'être un conte de fée comme certains veulent nous le faire croire. Personne n'est à l'abri de désaccords ou de disputes houleuses au sein de son couple. Le Prophète (saw) en personne rencontra des difficultés avec ses épouses. Les sourates Al-Ahzab et At-Tahrim en témoignent.

Ceci étant dit, l'islam prévoit la mise en place d'un contrat de mariage établi par les futurs époux afin de discuter des cas qui pourraient éventuellement donner matière à mésententes.

## Le contrat de mariage

En scrutant de plus près les conflits les plus récurrents, on s'aperçoit que certains cas auraient pu être évités avant même le mariage. En effet, si les futurs époux prenaient le temps d'informer très précisément leurs prétendants de leurs ambitions, leurs projets, plus généralement de leur vision de la vie en couple, ils pourraient alors définir ensemble un contrat de mariage. Un contrat de mariage dans lequel figureraient les prétentions de chacun approuvées d'un commun accord. Et bien cet engagement existe, il est prévu par l'islam.

Il doit être contracté devant une autorité religieuse (juge islamique) et en présence de deux témoins au minimum. En guise d'exemple, une femme ou un homme peut exiger de la part de son conjoint à ce qu'il/elle ne s'oppose pas à certains choix de sa vie privée ou professionnelle. En bref, on peut tolérer comme clause au contrat de mariage toutes choses rendues licites (halal). En revanche, il est bien entendu exclu d'y inscrire des revendications basées sur des actes interdits (haram). Evidemment s'il y'a contrat de mariage chaque partie doit s'en tenir à ses engagements comme notre maître, le bien-aimé, le demande : « La réconciliation est chose bonne sauf celle qui interdit l'obligation ou ordonne l'interdit, et les musulmans doivent s'en tenir à leurs engagements sauf un engagement qui interdit l'obligation ou ordonne l'interdit ». (**Tirmidhi**).

En résumé, le contrat de mariage repose sur trois conditions : l'officialisation devant témoins, l'accord mutuel et enfin ne pas rendre licite l'interdit ou interdire l'obligation.

A propos de ce dernier point, nous pouvons l'illustrer avec l'exemple d'une personne qui imposerait son conjoint de se limiter à un nombre précis d'enfant ou exclurait même d'en avoir. Evidemment, ceci n'est pas envisageable.

Cependant, les juristes divergent sur le bien-fondé de certains cas dont voici les exemples :

**Faire mentionner dans le contrat la monogamie.** Selon les imams Ahmad ibn Hanbal, Abu Hanifa et Chafi'i (que Dieu les agrée) la femme est en droit de réclamer le divorce si son époux ne respecte pas son engagement. Par contre, l'Imam Malik (que Dieu l'agrée) considère qu'un contrat dans lequel figure cette condition de renoncement à la polygamie est nul. Notons l'écart total qui existe ici entre la théorie et la pratique, avec des pays comme les pays d'Afrique du nord, qui mettent en application aujourd'hui la première vision alors qu'ils se revendiquent malikites.

Le mariage temporaire, appelé également mariage de jouissance. Ce type d'union consiste à limiter dans le temps la durée du mariage, certains se mariant ainsi pour quelques jours, semaines ou années. Cette union temporaire est invalide et non acceptée par l'islam sunnite car elle ne respecte pas les règles et les raisons pour lesquelles Dieu Le Très Haut nous a demandé de nous marier comme la stabilité, la pérennité du couple ou encore fonder une famille : « Allah vous a fait à partir de vous-mêmes des épouses, et de vos épouses Il vous a donné des enfants et des petits-enfants. Et Il vous a attribué de bonnes choses. Croient-ils donc au faux et nient-ils le bienfait d'Allah ? » (S.16 V72)

Et l'Imam Muslim rapporte que notre maître le Prophète, paix et salut sur lui, a dit : « O vous les hommes ! Je vous ai autorisé le mariage temporaire et Allah a désormais interdit cela jusqu'au jour de la résurrection [...]».

**Renoncer à ses droits.** Plus précisément, il s'agit de stipuler dans un contrat de mariage la possibilité pour l'un des deux futurs mariés de céder ses droits ou devoirs conjugaux par exemple : ne pas vivre en commun ou ne pas s'acquitter de ses devoirs financiers. Certains savants s'y opposent sous prétexte que ce style de vie s'apparente à un mariage d'intérêt ou de jouissance temporaire.

Donner à la femme le droit de prononcer le divorce. En islam, seul l'homme a le pouvoir de prononcer le divorce. Attention ceci ne signifie pas que la femme n'a pas le droit de demander le divorce ! Bien au contraire, lorsqu'elle désire divorcer, le conjoint est tenu impérativement de répondre à sa demande. Cette dernière jouissant ainsi, même après divorce, de certains privilèges et allocations prévus par le droit islamique. Ces quelques précisions faites, revenons à notre propos, les quatre imams sont unanimes sur le fait qu'il n'appartient pas à la femme de prononcer la rupture officiellement.

Seule l'école Zahiri, par la voix d'Ibn Hazm, permet à l'homme de se défaire de son droit de formuler oralement le divorce et de le transmettre à la femme à condition de l'inscrire dans le contrat de mariage. Très certainement, la vision des quatre écoles reste la plus solide se basant sur le verset de la sourate 33 lorsqu'Allah dit : « O Prophète, dis à tes épouses si vous souhaitez ce bas monde et sa beauté, alors venez à moi je vous indemniserai et vous répudierai d'une belle répudiation ». Ce verset démontre bien que la femme a le droit de solliciter le divorce mais que c'est à l'homme de le prononcer.

- Reste à préciser que le contrat de mariage est monnaie courante dans les pays musulmans mais qu'il n'est pas applicable juridiquement tel quel en occident. Cependant il existe un autre contrat de mariage dans le droit français qui s'y apparente ou du moins qui s'en rapproche. Ce contrat en question peut le cas échéant servir les exigences propres à chacun.

# Le mariage mixte chez les Musulmans

Aujourd'hui, la France, en raison de son héritage historique, est un pays multiculturel composé de français d'origines diverses et variées. Une diversité qui trouve écho au sein même de la communauté musulmane, parmi laquelle on compte : des arabes d'orient, du Maghreb, des berbères, des noirs, des perses, des blancs ... Ce phénomène démographique suscite malheureusement parfois un sentiment de haine raciale qui se traduit par des agissements contraire à l'éthique musulmane. Envers et contre tous, c'est dans cette atmosphère délicate que certaines unions naissent. Le climat peut alors s'avérer très houleux face à de vives remontrances, de la part de la famille et de l'entourage, basées sur : la couleur de peau, la situation professionnelle, le fait que la personne soit converti(e) converti, etc. Les complications engendrées par ce type d'union, nous conduisent à s'interroger d'une part sur la position adoptée par l'islam à ce propos, d'autre part sur les enjeux d'un tel mariage. L'islam n'émet aucunes réticences par rapport à la mixité dans le mariage. Bien au contraire, Allah dit explicitement: « Épousez les chastes parmi vous ainsi que les pieux parmi vos esclaves, même s'ils sont pauvres, Allah les enrichira par Sa grâce.» (s.24 v32).

L'islam encourage donc cette initiative, conscient même de l'intérêt biologique, qui dans ce cas augmente les chances d'obtenir une meilleure compatibilité génétique. D'ailleurs, les propos de notre prophète l'illustre : « Une proche fera le bonheur de la famille mais l'éloignée est préférable pour la progéniture » (el hakim). Cependant l'Homme se borne à vouloir à tout prix établir des hiérarchies ethniques niant l'égalité des races.

## Égalité des peuples

L'islam réfute et combat fermement l'idéologie selon laquelle il existerait une supériorité dans la race humaine. Seul le mérite, et rien d'autre que le mérite, peut élever certains Hommes au-dessus d'autres. Notre maître, le prophète, le rappelait d'ailleurs sagement en ces termes: « Point de différences entre un arabe et un non arabe, entre le blanc et le noir si ce n'est par la piété » (**bukhari**).

C'est sur ce principe que l'on doit orienter et éclairer nos choix : « Choisis le détenteur de la piété, ou tu t'en mordras les doigts » (**bukhari**).

## La diversité

Suite au point que nous venons de traiter concernant l'égalité, certaines questions subsistent, tout de même, à savoir : alors pourquoi tant de discrimination ? D'autant plus que les instigateurs ne sont autres que des soi-disant adeptes du divin. Et pourquoi ces différences ? La réponse est pourtant claire : « Ô vous les Hommes, nous vous avons créés à partir d'un mâle et d'une femelle et nous avons fait de vous des peuples et des tribus (différents) afin que vous vous entre-connaissiez. Certes le plus honoré d'entre vous auprès d'Allah, c'est le plus pieux » (s.49 v.13). A la lumière de ce verset et après réflexion, on comprend que cette diversité est l'essence même de la beauté de la divine création : « Parmi Ses signes, la création des cieux et de la terre et la diversité de vos langues et couleurs. Il y a certes là, des signes pour les savants ». (S.30 V.22)

La diversité n'a pas pour vocation de diviser les peuples mais de les unir en les rendant plus fort. Le mariage mixte, bien qu'il ne soit pas exempt d'épreuve et de difficultés, présente un grand nombre d'avantages. Au-delà de l'union des êtres, il permet le mélange des origines, et par conséquent une plus grande richesse culturelle. Il offre l'opportunité de découvrir, d'échanger et de partager de nouvelles coutumes et traditions au sein du couple.

Les paroles d'Allah prennent alors tous leur sens : « Afin que vous puissiez vous entre-connaître » S49 V13. Avis donc à ceux qui sont soucieux et désireux de mettre en application les versets évoqués ci-dessus, un mariage harmonieux unissant deux races ou cultures différentes est un modèle exemplaire. Il est le symbole de la tolérance, de l'acceptation de l'autre, le plus grand remède au fléau que représentent l'intolérance et le racisme aveugle.

Chères lectrices, chers lecteurs, sans aucun doute le mariage constitue une étape très importante dans la vie de tout individu d'où l'importance, comme le souligne le prophète, de faire le bon choix. Néanmoins, cette démarche est avant tout personnelle et ne doit pas être polluée par les caprices de la famille, qui parfois a du mal à être objective. Même si la race ou l'origine de la personne mérite d'être pris en considération, il est absurde de considérer que c'est le seul paramètre déterminant à la réussite ou non d'une union.

Quelle meilleure parabole pour illustrer tout ceci si ce n'est la parole d'Allah !

« 'alam tar 'ann alllah 'anzal min alssama' ma'an fa'akhrajna bih thamarat mukhtalifan 'alwanuha wamin aljibal judad bid wahumr mukhtalif 'alwanuha wagharabib sud, wamin alnnas walddawabb wal'aneam mukhtalif 'alwanuh kadhalik 'innama yakhshaa alllah min eibadih aleulama' 'inn alllah eaziz ghafur »

Le sens: « N'as-tu pas vu que du ciel Allah fait descendre de l'eau puis nous en faisons sortir des fruits de couleurs différentes. Et dans les montagnes, il y a des sillons blancs et rouges de couleurs différentes et des roches excessivement noires et parmi les hommes, les animaux et les bestiaux, ils ont pareillement des couleurs différentes. Parmi ses serviteurs, seuls les savants craignent Allah. Allah est certes Puissant et Pardonneur. »

# Les régles du mariage Musulman

Allah dit: « Et parmi Ses signes, Il a créé de vous, pour vous, des épouses pour que vous viviez en tranquillité avec elles et Il a mis entre vous de l'affection et de la miséricorde. Il y a en cela des preuves pour des gens qui réfléchissent » (S.30 V.21)
Voilà une description de l'union islamique telle qu'elle est décrite dans un verset coranique. A l'ère du vingt-et-unième siècle, le mariage perd de plus en plus de sa sacralité au point d'être considéré comme inutile. Certains allant jusqu'à y voir un chemin miné d'épreuves et de regrets. Tandis que d'autres, l'idéalisent à outrance, s'imaginant qu'il est le début d'un conte de fée, d'une vie maritale harmonieuse sans aucune difficultés ni incidents. L'islam rétablit l'ordre des choses définissant le mariage comme l'union, devant Dieu d'un homme et d'une femme uni par un accord.

L'union devant Dieu marque l'engagement du couple à vivre en accord avec les valeurs du sacrée et du divin. Des valeurs qui s'appliquent à celle de la morale et du respect. S'unir devant Dieu, c'est aussi la promesse de suivre ses recommandations dans sa relation de couple. Notons qu'il serait paradoxal, au cours de conflits conjugaux, d'oublier celui devant qui nous avons scellé notre accord.En outre, rappelons que l'union par accord commun démontre, contrairement aux préjugés, que l'islam bannit tout mariage forcé.

## L'importance du mariage

Pour mieux se rendre compte de l'importance de celui-ci, il nous faut revenir aux sources coraniques :
« Je vais établir un représentant sur Terre » (S.2 V.34)
« C'est Lui qui vous a crées de la terre et vous a sommés de la peupler. » (S.11 V.61)
Ces deux versets mettent en exergue le rôle de l'Homme, qui consiste pour une part à peupler la Terre. Précisons qu'il est exigé de l'Homme qu'il réponde à ce commandement dans le respect des valeurs de l'équité, la droiture, l'amour, la miséricorde et la bonté. Des valeurs, qui sont représentatives du Seigneur sur terre. Comme il est dit dans un verset du Coran : « Nous avons envoyés nos messagers avec des preuves évidentes, Nous avons fait aussi descendre avec eux le Livre en toute vérité afin que les Hommes puissent s'en tenir à l'équité » (S.57 V.25)
Sans nul doute, dans l'islam, la seule union, qui permette aux êtres de s'unir et de former une famille puis une communauté capable de venir à bout des exigences de la vie, demeure le mariage. C'est pourquoi, il occupe une place fondamentale dans les pratiques religieuses. D'ailleurs, on dit qu'il représente la moitié de la religion.

## Les conditions de validité d'une union

Pour qu'un mariage puisse être valide, cinq conditions doivent être réunies :

1. A commencer par le consentement des deux concernés. Le mariage forcé est exclu dans l'islam. A ce propos, le Prophète, paix et salut sur Lui, annula le mariage d'une femme médinoise car son père l'avait mariée contre son gré. Notre maître lui dit : « Ton mariage est nul. Epouse qui tu veux. ». Suite à quoi l'intéressée déclara : « Je voulais que les gens sachent qu'il n'appartient point aux parents de forcer leurs filles à se marier avec quiconque » **(Al Bukhari)**

2. L'officialisation de la demande et son acceptation.

3. La dot, qui peut être financière, matérielle ou spirituelle.

4. La présence de deux témoins au minimum.

5. Le tuteur, pour une femme qui n'a jamais connu de mariage auparavant (sauf pour les hanafis qui ne prennent pas en compte cette condition). Il représente les intérêts de celle-ci.

## Ses objectifs

Lorsque la femme et l'homme s'unissent, deux objectifs se présentent à eux :

D'abord, ils doivent se préserver de la tentation du péché. Le mariage contribue à les y aider. On peut citer comme exemple la recommandation prophétique : « O vous les jeunes, que celui qui en a les moyens se marie sinon adonnez vous au jeûne car c'est mieux à même de vous aider dans la chasteté et de ne pas tomber dans la tentation du regard » (**Muslim**).

La vie maritale doit aussi permettre à chacun de réaliser ses défauts et de les corriger ensemble. L'homme s'éduque à travers sa femme et réciproquement, la femme à travers son époux. En somme, le mariage nous apprend à nous construire.

La vie maritale doit aussi permettre à chacun de réaliser ses défauts et de les corriger ensemble. L'homme s'éduque à travers sa femme et réciproquement, la femme à travers son époux. En somme, le mariage nous apprend à nous construire.

## Comment réussir un mariage musulman ?

Avant de parvenir à une vie harmonieuse, il faut tout d'abord réussir à franchir les difficultés. Les difficultés font partie de la vie de l'Homme, il n'existe dans ce monde aucun répit permanent comme le souligne le Coran : « Nous avons créé l'Homme dans des tourments » (S.90 V.4)
Cette réalité est d'autant plus vraie lorsqu'on vit dans une communauté : « Nous avons fait des uns une source d'épreuve pour les autres, saurez-vous être endurants ? » (S.25 V.20)
Les problèmes peuvent être différents d'un couple à un autre selon les personnes, l'âge, le comportement, la manière de penser ou encore de réagir. Mais ils sont tous issus du même facteur : notre différence. Et justement, c'est cette différence qui fait la force du couple. Allah dit : « Nous avons fait de vous des nations et des tribus, pour que vous vous entre-connaissiez » (S.49 S.13)
Donc la différence n'est pas faite pour diviser.

Ceci étant dit, il est naturel de s'interroger : comment faire face aux difficultés ? Comment faire pour que notre mariage ne tombe pas à l'eau ? Ce sont autant d'interrogations qui peuvent nous tarauder. Voici donc quelques conseils à mettre en pratique :

Premièrement, être intimement convaincu que le mariage est fait pour durer afin d'éviter d'entamer une relation sous de fâcheux auspices. L'état d'esprit joue un rôle primordial, il permet de ne pas baisser les bras face au moindre problème. D'autre part, face aux conflits il ne faut pas laisser les émotions nous dicter les décisions au détriment de la raison et surtout toujours privilégier le dialogue.
Enfin éviter l'intervention de toutes personnes étrangères au couple. Bon nombre de couples envisagent le divorce à cause de la mauvaise influence de parents ou amis. Attention, ceci ne remet pas en cause l'efficacité d'une sage médiation, à condition qu'elle soit faite par une personne d'expérience.

En respectant ces quelques règles de base, on favorise le bon déroulement du mariage.

**Droits et devoirs**: Dans un couple, les époux se doivent mutuellement :

1. Amour et fidélité : « Il a mis entre vous l'amour et la miséricorde »

2. La vérité : l'homme et la femme se doivent la sincérité : « Ceux qui s'enjoignent mutuellement la vérité » (S.104 V.3)

3. L'endurance : ils s'entraident ensemble dans la patience, en sachant se sacrifier et en mettant de coté son ego. Ils ne se focalisent pas sur les détails. « Ceux qui s'enjoignent mutuellement l'endurance » (S.104 V.3)

En ce qui concerne les droits et les devoirs propres à chacun, on ne citera qu'un seul verset dans lequel il est dit : « Elles ont autant de droits que de devoirs » (S.2 V.228)
Ce verset, à lui seul, met un terme à toutes les pratiques obsolètes confondues, qui relèvent plus de la culture que du culte.

Le mariage est une des étapes les plus importantes dans la vie d'une personne, c'est à cet instant que beaucoup de choses se construisent et se concrétisent, aussi bien matériellement que spirituellement. Apprenons donc à faire de ce dernier une école de la réussite. Comme le dit notre Bien-aimé, le Prophète, paix et salut sur lui : « le meilleur d'entre vous est le meilleur dans son foyer et je suis meilleur que vous au sein de mon foyer » (Muslim).

# Vie de couple chez les Musulmans

Être marier ne suffit pas pour croire que vous avez réussi votre vie personnelle, vous devez choisir votre partenaire avec prudence. De plus, le mariage doit être soutenu et valorisé au quotidien par le couple. De nombreuses personnes vivent sans savoir comment satisfaire leur conjoint ou épouse.

La tâche d'affection entre époux est importante pour mettre en place un accord décent entre une femme et son mari et mener à bien leur vie de couple en Islam. En effet, la motivation principale du mariage n'est pas d'avoir des enfants pour garantir une descendance, car, à supposer que Dieu nous ordonne de nous marier, il dépend en plus de nous de vivre sereinement et joyeusement.

« Et parmi Ses signes Il a créé de vous, pour vous, des épouses pour que vous viviez en tranquillité avec elles et Il a mis entre vous de l'affection et de la bonté.
Il y a en cela des preuves pour des gens qui réfléchissent. » (S.30 V.21)

## Espacer les naissances des enfants ?

Le fait pour un couple de refuser de faire des enfants sans aucune raison est proscrit car ceci entrave le processus de pérennité et de survie de l'espèce humaine. Toutefois, le planning familial qui vise à espacer les naissances est plus que souhaitable afin de mieux gérer l'éducation des enfants, leur santé et celle des mamans, ainsi que de garantir l'harmonie pour éviter de se retrouver très vite dépassé.

Allah Le Très Haut dit dans le Noble Coran : « Sa mère l'a péniblement porté et en a péniblement accouché; sa gestation et sevrage durant trente mois » (S.46 V.15)

Dans un autre verset Il dit : « Et les mères, qui veulent donner un allaitement complet, allaiteront leurs bébés deux ans complets » (S.2 V.233)

Les trente mois mentionnés dans le premier verset et les vingt-quatre du deuxième démontrent le caractère souhaitable d'espacer les naissances. A l'époque de notre maître le Prophète, paix et salut sur lui, les premiers croyants, les compagnons l'avaient compris ainsi.

Ils pratiquaient diverses méthodes afin d'empêcher temporairement les grossesses comme le rapporte Seyidna Jabir ibn Abdillah lui-même lorsqu'il dit : « Nous nous retirions (de la pénétration) pour éjaculer en dehors de nos femmes à l'époque où la révélation continuait à descendre sans nous l'interdire » (**Tirmidhi**).

Il appartient donc aux concernés de s'en référer aux médecins spécialistes qui seront mieux placés pour orienter chacun vers les meilleurs moyens adaptés aux situations.

## Comment me comporter avec ma belle famille

Le mariage ne sert pas seulement à unir deux être mais il unit aussi deux familles qui ne formeront plus qu'une à part entière. De ce fait, il est du devoir des époux de se comporter avec le plus grand respect vis-à-vis des beaux parents car des liens de parentés ont été tissé dès lors où l'union a été contracté. « Les liens de parenté s'accrochent au Trône de Dieu en disant: "Celui qui nous respecte que Dieu reste lié à lui! Et celui qui nous rompt, que Dieu rompe avec lui ". » **(Bukhari)**.

Toutefois, il incombe aux beaux parents de respecter la vie privée de leurs enfants, à ne pas faire de distinction avec le gendre ou la bru et de les considérer comme des membres de la famille à part entière. De même que l'on ne doit pas abuser en leur imposant ou en attendant d'eux des choses que l'on ne saurait obtenir de ses propres enfants.

## Imposer à sa femme de manger Halal

La pratique de l'islam est personnelle et aucun individu ne peut forcer un autre à quoique ce soit. Il est temps de renoncer à tout ce qui a attrait à la force ou à la contrainte lorsqu'il s'agit des choix des autres.
Allah dit: « qul kull yaemal ealaa shakilatih farabbukum 'aelam biman hu 'ahdaa sabilan »
Le sens: « Dis leur : Chacun agis selon ses aspirations et votre seigneur connait mieux les mieux guidés »

Surtout que l'islam n'y voit aucun inconvénient et nous permet d'épouser des non musulmanes, qui pourront donc manger autre chose que du halal. Et la non musulmane, sur la balance de la foi, n'est point meilleure que la musulmane qui ne mange pas halal. Par contre, il est du choix et de la liberté de chacun de disposer au sein de son foyer de tout ce qui relève de sa croyance, donc de son intimité.

## Je n'aime plus mon mari

L'imam Bukhari et Nasai rapporte que la femme d'un compagnon nommé Seyidna Thabit ibn Qays, que Dieu l'agrée, est venu voir notre maître le prophète, paix et salut sur lui, et lui dit : « O messager d'Allah, je ne reproche rien à Thabit ni dans sa moralité ni sans sa pratique religieuse mais je ne le supporte plus parce que je ne l'aime plus », et notre maître le prophète, paix et salut sur lui, lui dit : « Qu'est ce qu'il t'avait donné comme dot ? », elle répondit : « un jardin ». Il lui dit : « Est-ce que tu peux lui rendre son jardin alors ? », elle dit oui et notre maître le prophète, paix et salut sur lui, dit à Seyidna Thabit ibn Qays, que Dieu l'agrée: « Accepte le jardin et répudies la ». Ce hadith est clair, la femme ne peut être retenue otage auprès d'un homme qu'elle n'aime plus et pour se libérer de lui il lui faut rendre la dot qu'il lui avait offerte, comme le stipule le verset 229 de la sourate Al-Baqara. Nous rappelons que le divorce est une solution à laquelle il faut mûrement réfléchir.
Allah dit: « alttalaq marratan fa'iimsak bimaeruf 'aw tasrih bi'iihsan wala yahill lakum 'an takhudhuu mimma ataytumuhunn shayyan 'illa 'an yakhafa 'alla yuqima hudud alllah fa'iin khiftum 'alla yuqima hudud alllah fala junah ealayhima fima aftadat bih tilk hudud alllah fala taetaduha waman yataeadd hudud alllah fa'uwlayik hum alzzalimun »

Le sens: Le divorce est permis pour seulement deux fois. Alors, c'est soit la reprise conformément à la bienséance, ou la libération avec gentillesse. Et il ne vous est pas permis de reprendre quoi que ce soit de ce que vous leur aviez donné, - à moins que tous deux ne craignent de ne point pouvoir se conformer aux ordres imposés par Allah. Si donc vous craignez que tous deux ne puissent se conformer aux ordres d'Allah, alors ils ne commettent aucun péché si la femme se rachète avec quelque bien. Voilà les ordres d'Allah. Ne les transgressez donc pas. Et ceux qui transgressent les ordres d'Allah ceux-là sont les injustes .

## Anniversaire de mariage

Les habitants de Médine avaient pour habitude de commémorer par des chants et des danses un jour de la jahiliyah (avant l'islam) appelé « Le jour de Bou'ath » où ils furent victorieux face à leurs ennemis. Tous les ans à la même période ils manifestèrent leur joie en chantant les mérites de Bou'ath qui fut jadis le chef qui les avait menés à la victoire. A ce sujet, l'imam Bukhari rapporte dans son recueil authentique qu'un jour Seyidna Abou Bakr, que Dieu l'agréé, est rentré dans la maison de notre maître le prophète où il trouva deux servantes qui chantaient les chants de Bou'ath, stupéfait, il s'exclama : « Les chants de Bou'ath dans la maison du Messager d'Allah » et il leurs interdit. C'est alors que le prophète lui dit : « Laisse les Abou Bakr » et dans une version « Ne leurs interdit pas ». Se basant sur ce hadith, les savants affirment qu'il n'y a aucune interdiction à commémorer des jours et des événements de joie ou de bonheur comme Allah dit : « Et rappelle leurs les jours d'Allah » (S.14 V5), c'est-à-dire les jours qui ont marqué leur vie dans la joie et le bonheur car c'est un des bienfaits d'Allah. Ainsi donc, commémorer avec son épouse, ses enfants, ses parents ou amis une date forte en symbole n'a rien d'interdit et le hadith où notre maître le prophète, paix et salut sur lui, dit : « Nous avons deux fêtes. » ne signifie pas les commémorations profanes mais plutôt ce qui relève du culte.

## La jalousie

Si l'on devait définir la jalousie on pourrait dire qu'il s'agit d'un sentiment éprouvé envers autrui par rapport à une chose qu'il possède et que l'on n'a pas. L'appréhension de ce sentiment incoercible diffère d'un individu à l'autre. Et malheureusement reste très répandu dans les sociétés. Le prophète mettait souvent en garde contre ce fléau en le considérant comme étant l'une des deux maladies les plus néfastes qui ravage les sociétés.
A ce sujet il dit : « Vous avez été éprouvés par les maladies des gens d'avant vous à savoir la jalousie et la haine, c'est le rasoir non pas celui qui rase les poils mais plutôt celui qui rase la foi » (**Ahmad**).

On remarque, en règle générale, que la jalousie est perçue comme un sentiment néfaste envers autrui accompagné forcément d'hostilité et de dépit. Pourtant ce n'est pas toujours le cas. En effet, nous verrons qu'elle peut parfois se révéler extrêmement positive pour le développement de l'individu en éveillant en lui le désir d'égaler voir de surpasser l'autre, ce qui est loin d'être négatif car comme le dit Allah : « Concourez vers le bien » (**S.2 V.48**)

L'étude des textes religieux démontre l'existence de trois types de jalousie plus ou moins honorables que l'on répertoriera et nommera ainsi : la jalousie productive, la jalousie obsessionnelle ou maladive et enfin l'envie.

**La jalousie productive**

En réalité, l'islam ne blâme pas celui qui ressent de la jalousie mais plutôt l'acte qu'il commet en retour. Effectivement, le sentiment de jalousie est naturel ce qui importe c'est la manière dont il va se traduire. Autrement dit, si le fait de jalouser quelqu'un de plus pieux que nous conduit à vouloir l'égaler ou le surpasser sans pour autant éprouver du mépris envers cette personne dans ce cas il n'y a aucun mal. Cela peut même s'avérer fortement bénéfique et jouer un rôle moteur, on parlera alors de « bonne jalousie ». On peut citer l'exemple du hadith dans lequel le prophète dit : « Il n'y a de jalousie positive que vis-à-vis de deux personnes ; un homme à qui Allah a donné le coran, il le pratique à longueur de journées et de nuits et celui à qui Allah a donné la richesse, il la dépense dans le bien à longueur de journées et de nuits » (**Bukhari**)

En somme l'effet de la jalousie sur la personne se révèle ici fructueux puisqu'il stimule une concurrence louable et loyale.

**La jalousie obsessionnelle**

Par extension, dans le cadre d'une relation amoureuse, il peut être question d'un autre type de jalousie dite obsessionnelle ou maladive. Lorsque le jaloux estime qu'une deuxième personne se comporte pour un tiers, un groupe ou une chose d'une façon qui devrait lui être réservée parfois même exclusivement. A tel point qu'il en conçoit du ressentiment et des reproches contre les autres. Cette jalousie fréquente dans les relations amoureuses s'avère dévastatrice. En effet, on rencontre des cas insensés où certains hommes jalousent toutes personnes qui prétendent entretenir une relation avec sa femme ou inversement des femmes pleines de mépris à l'égard de celles qui fréquentent leur mari malgré la nature strictement platonique de leurs rapports. Cette jalousie extrêmement pernicieuse sème la discorde dans les couples et aboutit souvent à la séparation.

Rappelons qu'à l'époque du prophète, une femme a demandé le divorce simplement parce qu'elle trouvait insupportable les dérives de son mari sous le joug de sa jalousie démesurée. Considérant sa demande légitime, le prophète accepta le divorce. Vaut mieux donc se garder d'aborder la vie en couple sous cet angle et surtout arrêter de se défendre en justifiant nos actes par le fait d'être trop épris de son partenaire. Ceci ne ressemble ni de près ni de loin à de l'amour.

La plus grande preuve d'amour se témoigne par le respect de la personne en tant qu'entité à part entière et non comme un objet nous appartenant. D'autant plus que celui ou celle qui sait qu'il possède la confiance de son partenaire se sent certainement plus sûr de soi et plus serein.

**L'envie**

Un troisième type de jalousie (tout aussi délétère que la jalousie maladive) revient à ne pas admettre qu'une personne puisse posséder ce dont on est soi-même privé jusqu'à souhaiter la perte ou le déclin de ses biens injustement. Dans ce cas, le jaloux se pose en victime comme s'il avait été lésé estimant être plus digne de recevoir. C'est ce genre de jalousie qui a conduit Satan à commettre le premier péché de désobéissance envers notre Seigneur comme le dit le prophète : « Méfiez-vous de la jalousie, car la jalousie est le premier péché qui a conduit à la désobéissance à Allah dans le ciel et sur la terre. Dans le ciel, lorsque Iblis a renoncé à se prosterner devant Adam, s'adressant à Allah : Tu m'as créé de feu et lui, tu l'as créé de limon ». (S.7- V.12)

En outre, ce même sentiment de jalousie dicta à Caïn, le fils d'Adam, de tuer son frère Abel : « Mais l'âme de l'autre l'incita à tuer son frère; alors il le tua et fut dès lors du nombre des perdants. » (S.5 V.30)

En définitif, lorsque l'avancement de l'autre matériel ou spirituel suscite l'agacement voir l'intolérance alors l'équilibre est rompu. Il devient urgent d'agir avant de commettre l'irréparable.

**Combattre la jalousie**

«O fils d'Adam! Pourquoi envies-tu ton frère? Les bienfaits qu'Allah lui a accordés sont les signes de Sa générosité; pourquoi envies-tu celui qu'Allah Très-Haut a honoré? Si son état était autrement tu n'envierais pas celui qui serait destiné au feu!»

Cette parole de l'imam Al Hassan Al Basri renferme sans doute l'une des clés qui permet d'échapper aux pièges de la jalousie en suggérant de prendre le problème à contre pied. Autrement dit, en se rappelant de l'identité de celui qui distribue les bienfaits aussi bien matériels que spirituels. Alors il apparait clairement qu'Allah est le seul détenteur et qu'il fait ce qu'il veut. Il donne et retire à qu'Il veut et quand Il veut. Par conséquent envier s'assimile à douter en quelques sortes de l'impartialité du Tout Puissant en remettant en cause sa volonté. Autrement dit, les bienfaits des autres ne doivent pas être ressentis comme un affront à notre égard mais comme le vœu du tout puissant. Lui seul sait ce qu'Il fait et pourquoi Il le fait.

Il est aussi important de prendre conscience de la gravité de ce sentiment car comme dit le prophète : « Gardez-vous de la jalousie, car elle consume les bonnes œuvres, comme le feu consume le bois » (Rapporté par Abou Dawûd). Et de chercher refuge auprès d'Allah contre cette maladie : « Et préserve-moi contre l'envieux lorsque son envie se manifeste ».Sachez que lorsque notre bien aimé le prophète se sentait envieux, l'arc ange Gabriel venait à lui et le guérissait par cette invocation : « Au nom d'Allah il te protège, et de toute maladie il te guérit, et contre le mal de l'envieux lorsqu'il envie et contre les méfaits du regard jaloux » (**Muslim**).
Et dans un autre hadith il est rapporté : « Ne se rencontreront jamais dans la poitrine d'un homme la foi et la jalousie » (**Nassai**)

Enfin pour conclure nous vous invitons à méditez sur la parole d'Allah : « Le plus noble d'entre vous, auprès d'Allah, est le plus pieux.» (S.49-V.13)

Eduquons nos cœurs à ne pas s'attarder sur les bonnes grâces d'ici-bas : des jouissances éphémères, qui ne franchiront pas le seuil de l'au-delà. En revanche consacrons nous à anoblir nos caractères et nos actes afin qu'ils intercèdent en notre faveur le jour où il n'y aura plus de grades, plus de liens de parentés. Le jour où l'on pourra lire dans les cœurs comme on lit dans un livre ouvert.

**Les limites de la jalousie ?**

Dans un couple qui s'aime, la jalousie est un sentiment naturel qui souvent peut être preuve d'amour. Un jour, notre maître le prophète, paix et salut sur lui, dit à ses compagnons qui s'étonnaient de la jalousie de Seyidna Sa'd ibn 'Ubâdah, que Dieu l'agrée : « La jalousie de Sa'd vous étonne-t-elle ? Je suis plus jaloux que lui et Allah est plus jaloux que moi » (**Bukhârî**).

Cependant, la jalousie qui rime avec paranoïa et qui insupporte l'autre est plus maladif qu'une preuve d'amour. Il faut savoir laisser la confiance prendre les rennes afin de garantir l'harmonie.

## Adopter un enfant

En parcourant le Noble Coran, nous le voyons inciter par plusieurs manières les croyants à s'occuper des orphelins et des plus démunis par le tutorat ou l'adoption. Et ceci, dans une vingtaine de versets et notre maître le prophète, paix et salut sur lui, le confirme lorsqu'il dit : « Celui qui adopte un orphelin et moi serons au Paradis proches tels mes deux doigts » **(Bukhari)** et il a montré l'index et le majeur. Cependant, il est bon de savoir que l'islam considère qu'adopter un enfant ne signifie pas lui voler ou le dépouiller de son identité.

En effet, il est obligatoire qu'il garde le nom de ses parents même si, officiellement pour des raisons administratives, il doit porter notre nom il doit connaître son identité. Allah Le Très Haut, dit dans la sourate Al-Ahzab versets 4 et 5 : « Allah n'a pas fait de vos enfants adoptifs vos propres enfants », « appelez les du nom de leur père, c'est plus équitable auprès d'Allah. Et si vous ne connaissez pas leur père alors considérez-les comme vos frères en religion et vos alliés. ».

## Conséquence de la conversion sur un mariage antérieur

Lorsqu'une femme se convertit laissant son mari dans son ancienne foi, alors les oulémas, toutes écoles juridiques confondues, s'accordent sur un fait : la femme dispose d'un délai de viduité, si son mari la rejoint dans sa nouvelle foi alors le mariage reste valide. S'il ne se convertit pas, alors ils devront être séparés se référant ainsi à certaines sources comme Sayda Zaynab, que Dieu l'agrée, la fille du prophète paix et salut sur lui, qui était l'épouse d'Abi al-As Ibn ar-Rabi avant l'Islam. Quant elle se convertit son mariage fut dissous et elle rejoignit son père. Ensuite, quand le mari se convertit, notre maître le prophète, paix et salut sur lui, lui rendit sa femme (**Tarmidhi**).
Et selon Seyidna Anas, que Dieu l'agrée: « Abou Talhata a épousé Um Salim et la dot offerte était l'Islam car la femme s'était convertie avant l'homme et quand celui-là a demandé sa main, elle lui dit : si tu te convertis, je t'épouse » c'est ainsi que l'Islam a constitué la dot dans ce mariage (Nassaï). Ou encore la fille de Seyidna Walid Ibn al-Moughira, que Dieu l'agrée, femme de Seyidna Safwan Ibn Umayya, que Dieu l'agrée, qui s'était également convertie avant son mari et le mariage avait été dissous. Puis il s'est converti et a repris sa femme. (Muwatta)

De même que Um Hakim bint al-Harith ibn Hisham, que Dieu l'agrée, était la femme de Seyidna Ikrim ibn Abi Djahl, que Dieu l'agrée. Leur mariage fut dissous. Puis il se convertit dans le délai de viduité et reprit sa femme (Ibn Abi Shayba). Toutefois, certains juristes divergent sur la durée de cette période d'attente entre un minimum de trois mois et le temps nécessaire pour permettre au mari d'apprendre à connaître les enseignements de sa foi. Parmi les contemporains, il y a de plus en plus de savants qui considèrent que cette séparation dû à la conversion n'a plus lieu d'être, surtout lorsqu'il y a des enfants en jeu.

## Divorcer pour adultère

Le mariage dans toutes les sociétés et aux yeux de toutes les religions est fondé tout d'abord sur la fidélité. Une fidélité reconnue par l'éthique et le bon sens. L'infidélité sur toutes ses formes, pourrait motiver un divorce. Toutefois, elle peut relever d'une erreur ou d'une faiblesse, et il est parfois nécessaire de ne pas se focaliser sur l'erreur si on peut passer outre et se reconstruire sur de bonnes bases. C'est pour cela, que nous conseillons la retenue et de mûrement réflechir la décision que l'on pourrait prendre.

## Cacher le fait que je sois stérile

Les bases de toutes relations restent l'honnêteté, la sincérité et la véracité. Cacher à son fiancé des éléments importants tels que la maladie, la stérilité entre autre est une tricherie manifeste et notre maître le prophète, paix et salut sur lui, dit : « Celui qui triche ne fait pas partie de nous » (**Muslim**) et Allah Le très Haut dit : « Et qu'elles ne cachent point ce qu'Allah a créé dans leurs ventres si elles croient en Allah et au Jour Dernier ». (**S.2 V229**)
A ce titre, l'époux a le droit de demander le divorce après le mariage en toute légitimité à condition que la thèse du mensonge soit avérée. Dans le cas contraire où il le découvre en même temps qu'elle, sa demande de divorce (à lui) relèvera beaucoup plus d'une trahison affective qu'autre chose. Il serait d'autre part, très important de ne pas occulter la difficulté que certains pourraient ressentir face au dilemme de choisir entre dire la vérité et perdre celui que l'on aime. Le pardon et la compréhension rapprochent beaucoup plus de l'humanisme : « Qu'ils pardonnent et qu'ils absolvent. N'aimeriez vous pas qu'Allah vous pardonne ? ».
(**S.24 V22**)

## Droit entre époux

Seyidna Mou'àwiya Ibn Hayd, que Dieu l'agrée, dit: J'ai dit: «O Messager de Dieu! Quel est le droit de l'une de nos épouses sur son mari?» Il dit: «Que tu la nourrisses et vêtis de la même manière que tu le fais pour toi. » **(Abou Dawùd)**

Allah Le Très Haut dit dans un verset du Noble Coran : « Elles ont autant de droits que de devoirs »
**(S.2 V228)**
et Il dit : « Il a mis entre vous l'amour et la miséricorde » **(S.30 V21)**
Toutes ces sources démontrent que dans un couple on pense à deux, le partage, la fidélité, le dialogue et la compréhension, la complicité et le pardon sont autant de fondements qui constituent le mariage.

## Avortement

D'après l'article L. 2212-1 du code de la santé publique ; « La femme enceinte que son état place dans une situation de détresse peut demander à un médecin l'interruption de sa grossesse. Cette interruption ne peut être pratiquée qu'avant la fin de la douzième semaine de grossesse. »

Et d'après l'article L. 2213-1 ; « L'interruption volontaire d'une grossesse peut, à toute époque, être pratiquée si deux médecins membres d'une équipe pluridisciplinaire attestent, après que cette équipe a rendu son avis consultatif, soit que la poursuite de la grossesse met en péril grave la santé de la femme, soit qu'il existe une forte probabilité que l'enfant à naître soit atteint d'une affection d'une particulière gravité reconnue comme incurable au moment du diagnostic. »

Le droit islamique, quant à lui, dispose de sources qui vont dans le même sens globalement. En effet, Seyidna Abdallah Ibn Massud rapporte que notre maître le Prophète, paix et salut sur lui, a dit : « C'est sous la forme de gouttelette que la création de chacun d'entre vous est d'abord rassemblé dans le ventre de sa mère, durant quarante jours. Puis sous la forme de sang coagulé durant une même période.

Puis sous celle de bouchée de chair une même période encore. Puis lui est envoyé l'ange qui vient lui insufflé l'âme » **(Bukhari)**

Ce hadith a inspiré certains oulémas tels l'imam Abou Hanifa qui considère dans son école juridique que l'avortement avant l'insufflement de l'âme (c'est-à-dire avant quatre mois) ne relève d'aucune interdiction. Dans le cas où la femme encourt un danger manifeste, alors toutes les écoles juridiques s'accordent à dire que l'avortement peut être pratiqué et ceci quelque soit le niveau de grossesse.

Il faut souligner que face à tout danger vital, il n'y a plus de règles si ce n'est d'en échapper.

## Mon mari ne veut pas que je consulte un gynécologue

Tous les oulémas sont unanimes qu'en matière de santé, il n'y a pas de soucis à se faire quand à la mixité des sexes. Il est par contre du droit de chacun, musulman ou non, de choisir le médecin qui nous convient selon son sexe. Il y a en France énormément de femmes, qui ne souhaitent se faire ausculter que par des femmes, de même pour les hommes. Et ceci, sans pour autant être des musulmans. Il ne faut donc pas faire l'amalgame entre les choix de chacun et l'islam. De ce fait, le mari n'a aucun droit ou pouvoir d'interdire à sa femme de consulter un gynécologue. Mais il ne faut pas oublier que dans un couple, face à des désaccords, seul le dialogue et la discussion sont la solution.

## Avoir des amis(es) de sexe opposé une fois marié(e)

La relation d'amitié, d'entraide ou encore de solidarité entre l'homme et la femme est une chose qui relève du naturel et qui est incontournable. En effet, les hommes et les femmes ont toujours œuvré côte à côte et ceci depuis la nuit des temps. L'union d'une personne avec une autre régie ce phénomène dans des règles d'entente, de pudeur et de moralité mais elle ne saurait en aucun cas le remettre en cause. En clair, il faut prendre en considération la sensibilité de son conjoint.

Il faut souligner que l'islam met la femme sur le même pied d'égalité que l'homme en ce qui concerne les devoirs et obligations. Ce qui explique pourquoi notre maître le Prophète, paix et salut sur lui, a préservé le droit pour la femme d'être active, impliquée et autonome dans le monde du travail avec ou sans le consentement de son conjoint. Allah Le Très Haut dit dans le Noble Coran : « Nous avons réparti entre eux (les Hommes) leurs subsistances dans ce bas monde et nous les avons élevés en grade les uns sur les autres afin que certains puissent prendre d'autres à leurs services » (S.43 V32)

Ce verset fait allusion à tout ce qui relève de la vie professionnelle et ne marque pas de différence entre les sexes. Par rapport à la relation amicale Allah L'éxalté dit : « Les croyants sont des frères, établissez la concorde entre vos frères et craignez Allah afin qu'on vous fasse miséricorde » (S.49 V10)

Il faut comprendre qu'établir la concordance passe par la langue, la main, les pieds et le cœur. Une langue qui dit de bonnes et belles paroles, une main qui vient en aide, des pieds qui partent à la rencontre et un cœur qui aime tout simplement. Il est à noter que cette relation professionnelle ou amicale reste régie par la moralité, comme le souligne le verset de la sourate Tawbah : « Les croyants et croyantes sont alliés les uns des autres, ils commandent le convenable, interdissent le blâmable, accomplissent la salat, s'acquittent de la zakat et obéissent à Allah et son messager. Voilà ceux auxquels Allah fera miséricorde car Allah est certes Puissant et Sage »
(S.9 V71)

Quant à l'infidélité, de près ou de loin, sous toutes ses formes, elle est condamnable par les règles de la nature avant de l'être par celles de la foi.

## Rapporter les secrets de mes amis(es) à mon époux(se) ?

Le fait de divulguer les secrets de ceux qui nous ont fait confiance est une pure trahison, même si, c'est à notre conjoint que l'on en parle. Il faut savoir que la complicité dans un couple a ses limites. L'imam Bukhari rapporte que notre mère Seyidatouna Aîcha, que Dieu l'agrée, a vu le prophète chuchoter aux oreilles de Seyidatouna Fatima, que Dieu l'agrée, puis elle vint lui dire : « De quoi est ce que tu as parlé avec le Messager d'Allah ? ». Fatima lui répondit : « C'est un secret entre lui et moi. » (**Bukhari**)

De la même manière, Seyidna Ibn Mas'ud, que Dieu l'agrée, a dit selon notre maître le prophète, paix et salut sur lui : « Le jour de la Résurrection, tout traître portera un étendard et on dira : ceci est la trahison d'un tel. » (**Muslim**)

Il faut souligner qu'il n'appartient pas au croyant d'être complice de tout ce qui peut nuire à l'autre et d'en garder le secret.

Pour plus de livres et des cahiers d'exercices, d'activités ou de coloriages en arabe ou islamique, veuillez visiter notre page d'auteur : « **Aicha Mhamed** »

Printed in France by Amazon
Brétigny-sur-Orge, FR

15291695R00040